BY AJDIN RUZNIC

MEISTER DES TIKTOK- ALGORITHMUS: DER WEG ZUM MARKETING- ERFOLG

ENTSCHLÜSSELN, AUSNUTZEN UND PROFITIEREN VON TIKTOK GEHEIMNISSE

2

Copyright

I

Impressum

Meister des Tiktok-Algorithmus: Der weg zum Marketing-Erfolg

Autor: Ajdin Ruznic
Cover-Design: Ajdin Ruznic
Druck und Verlag: Amazon EU S.à r.l.

Erste Ausgabe: 2023
Gedruckt von Amazon EU S.à r.l.
ISBN: **9798870955575**

DIE ENTDECKUNGSREISE IN DIE WELT VON TIKTOK

Willkommen zur faszinierenden Reise in die Welt von TikTok, einem digitalen Kosmos, der Grenzen sprengt und neue Marketing-Horizonte eröffnet. In "Meister des TikTok-Algorithmus: Der Weg zum Marketing-Erfolg" nehmen wir Sie mit auf eine tiefgründige Expedition in das Herz von TikToks geheimnisvollen Mechanismen. Sie werden die verborgenen Facetten des TikTok-Algorithmus erkunden, lernen, wie man ihn für eigene Marketingziele nutzt, und entdecken, wie man über diese dynamische Plattform eine beeindruckende Reichweite und einen echten Impact erzielt.

Dieses Buch ist nicht nur eine Anleitung, es ist ein Kompass, der Sie durch die vielschichtigen Aspekte von TikToks Welt führt. Von den Grundlagen des Algorithmus bis hin zu fortschrittlichen Strategien für Content-Erstellung und Nutzerengagement, dieses Buch ist Ihr Schlüssel zum Erfolg in der dynamischen Welt des TikTok-Marketings. Ob Sie ein Unternehmer sind, der seine Marke aufbauen möchte, ein Kreativer, der nach Sichtbarkeit strebt, oder ein Marketing-Profi, der die neuesten Trends nutzen möchte – dieses Buch bietet wertvolle Einblicke und praktische Tipps, die Sie direkt anwenden können.

Begleiten Sie uns auf dieser Entdeckungsreise, während wir die Geheimnisse des TikTok-Algorithmus lüften und lernen, wie man seine Kraft für beeindruckende Marketing-Erfolge nutzt.

1.

TIKTOK – EINE PLATTFORM REVOLUTIONIERT DAS MARKETING

In einer Welt, die sich ständig verändert und von digitaler Innovation geprägt ist, hat sich TikTok als ein Phänomen etabliert, das die Landschaft des Social Media Marketings neu definiert. TikTok ist nicht nur eine App für kurze Videos – es ist ein kulturelles Kraftfeld, ein Medium, das die Art und Weise, wie Marken und Konsumenten interagieren, grundlegend verändert hat.

Die Anfänge von TikTok

TikTok, ursprünglich als Douyin bekannt, markiert einen entscheidenden Wendepunkt in der Geschichte der sozialen Medien. Entwickelt von dem chinesischen Unternehmen ByteDance, wurde die App im September 2016 eingeführt und verkörperte eine Antwort auf die sich schnell verändernde digitale Landschaft, die zunehmend von Mobilität und einem Verlangen nach kurzformatigem Content geprägt war. Dieser Kontext ist von entscheidender Bedeutung, um zu verstehen, warum TikTok so einflussreich geworden ist.

Die Konzeption von TikTok zielte darauf ab, eine Plattform zu schaffen, die nicht nur unterhaltsam, sondern auch extrem zugänglich und interaktiv ist. Die Möglichkeit für Nutzer, kurze 15-Sekunden-Videos zu erstellen und zu teilen, war damals eine Neuheit im Social-Media-Bereich. Diese Videos waren nicht nur einfach zu produzieren, sondern ermöglichten auch eine spontane und authentische Art der Kommunikation. Die Benutzer konnten ihre kreativen Ideen in Echtzeit umsetzen, ohne sich mit komplexen Bearbeitungswerkzeugen oder langwierigen Produktionsprozessen auseinandersetzen zu müssen.

Ein wesentliches Merkmal von TikTok, das es von Anfang an von anderen Plattformen unterschied, war die Integration von Musik in die Content-Erstellung. Nutzer konnten aus einer umfangreichen Bibliothek von Musikclips wählen und diese nahtlos in ihre Videos einbinden. Diese musikalische Komponente war nicht nur ein Werkzeug für die Kreativität, sondern auch ein Katalysator für virale Trends und die Entstehung neuer Formen der Online-Unterhaltung. Durch die Kombination von Musik, Tanz, Humor und anderen kreativen Ausdrucksformen wurde TikTok schnell zu einem Ort, an dem sich kulturelle Phänomene entwickelten und verbreiteten.

Darüber hinaus war die Gemeinschaft, die sich auf TikTok bildete, ein wesentlicher Bestandteil seines Erfolgs. Die App traf auf eine Generation von Nutzern, die nach neuen Wegen suchten, sich zu vernetzen und auszudrücken. Diese Generation, oft als „Digital Natives" bezeichnet, fand in TikTok ein Medium, das ihre Werte von Schnelligkeit, Einfachheit und visuellem Storytelling widerspiegelte. Die Plattform bot einen Raum, in dem Nutzer nicht nur Inhalte konsumieren, sondern aktiv an der Erstellung und Verbreitung von Trends teilnehmen konnten.

Die frühe Akzeptanz und das explosive Wachstum von TikTok waren auch ein Indikator dafür, wie die digitale Kommunikation sich entwickelt hatte. In einer Welt, in der Informationen in Sekundenbruchteilen übertragen werden und Aufmerksamkeitsspannen immer kürzer werden, bot

TikTok eine neue Form der Unterhaltung und Interaktion, die perfekt auf die Bedürfnisse und Erwartungen der modernen Nutzer zugeschnitten war.

In diesem Zusammenhang ist die Entstehung von TikTok nicht nur als eine technologische Innovation zu sehen, sondern auch als eine kulturelle Bewegung, die die Art und Weise, wie Menschen weltweit kommunizieren und interagieren, neu definiert hat.

Die Revolution der Inhalte

Die Revolution der Inhalte, die TikTok initiiert hat, stellt einen paradigmatischen Wandel in der Art und Weise dar, wie soziale Medien funktionieren und wie digitales Marketing betrieben wird. Im Herzen dieser Revolution steht TikToks einzigartiger Algorithmus, der auf einer tiefgreifenden Analyse des Nutzerverhaltens basiert. Anstatt sich wie traditionelle Plattformen hauptsächlich auf die Anzahl der Follower oder Likes zu konzentrieren, passt TikToks Algorithmus die Inhalte dynamisch an die individuellen Vorlieben und Interessen jedes Nutzers an.

Die Personalisierung, die TikTok erreicht, ist beispiellos. Der Algorithmus wertet eine Vielzahl von Faktoren aus – von der Dauer, die ein Nutzer mit einem Video verbringt, über die Art der Interaktion (wie Likes, Shares, Kommentare) bis hin zu den spezifischen Arten von Inhalten, die der Nutzer bevorzugt. Diese Daten werden verwendet, um ein maßgeschneidertes Feed zu erstellen, das genau auf die individuellen Interessen jedes Nutzers abgestimmt ist. Das Ergebnis ist eine Plattform, auf der Nutzer immer wieder auf Inhalte stoßen, die sie wirklich ansprechen und fesseln.

Ein weiterer Aspekt, der TikToks Ansatz zur Inhaltskuratierung so revolutionär macht, ist die Art und Weise, wie neue Trends und Inhalte gefördert werden. Im Gegensatz zu Plattformen, auf denen Inhalte von prominenten Nutzern oder solchen mit großer Followerzahl dominieren, bietet TikTok auch kleineren oder neuen Content-Erstellern die Chance, bemerkt zu werden. Ein Video kann über Nacht viral gehen, unabhängig davon, wie bekannt der Ersteller vorher war. Dies öffnet die Türen für eine Vielzahl von Stimmen und Perspektiven und schafft eine demokratischere Form der Content-Verbreitung. Diese Herangehensweise hat weitreichende Implikationen für das Marketing.

Marken, die auf TikTok erfolgreich sein wollen, können sich nicht länger allein auf traditionelle Werbemethoden oder den Kauf von Werbeflächen verlassen. Stattdessen müssen sie Wege finden, authentisch und kreativ in den TikTok-Algorithmus einzuspeisen. Das bedeutet, Inhalte zu erstellen, die echte Resonanz und Engagement hervorrufen, die unterhaltsam sind und die die Nutzer dazu anregen, sie zu teilen. Es geht darum, einen echten Mehrwert zu bieten – sei es durch Unterhaltung, Information oder Inspiration.

Die Auswirkungen dieser Content-Revolution sind enorm. Sie hat die Art und Weise verändert, wie Marken ihre Zielgruppen ansprechen und mit ihnen interagieren. Anstatt lediglich Produkte oder Dienstleistungen zu bewerben, müssen Marken nun Geschichten erzählen, Erlebnisse schaffen und echte emotionale Verbindungen aufbauen. TikTok zwingt Marken, kreativer und menschlicher zu sein, und belohnt diejenigen, die es schaffen, authentische und ansprechende Inhalte zu liefern.

In dieser neuen Ära ist der Schlüssel zum Erfolg nicht einfach nur Sichtbarkeit, sondern Relevanz und Resonanz. TikTok hat eine Plattform geschaffen, auf der Inhalte nicht nur gesehen, sondern erlebt, geteilt und gefeiert werden. Es ist eine Welt, in der Inhalte lebendig werden und in der jeder Nutzer die Chance hat, Teil der nächsten großen Welle zu sein.

TikTok und sein Einfluss auf das Marketing

Das Aufkommen von TikTok stellt eine bedeutende Herausforderung für das traditionelle Marketing-Playbook dar. Mit seinem einzigartigen Ansatz hat TikTok die Regeln des Marketings neu geschrieben, wobei der Fokus weniger auf dem Umfang des Werbebudgets liegt, sondern vielmehr auf der Fähigkeit, kreative und einnehmende Inhalte zu schaffen. In der Welt von TikTok ist es entscheidend, dass Marken lernen, auf einer tieferen, persönlicheren Ebene mit ihrer Zielgruppe zu kommunizieren. Es geht darum, Inhalte zu erstellen, die nicht nur zum Kauf anregen, sondern auch unterhalten, aufklären und einen Mehrwert bieten.

Diese Verschiebung weg von traditionellen Werbemethoden hin zu einer authentischeren, kreativeren Herangehensweise verlangt von den Marken eine tiefere Einsicht in die Bedürfnisse und Wünsche ihrer Zielgruppen. Es erfordert auch ein Umdenken in Bezug darauf, wie Botschaften vermittelt werden. Die erfolgreichsten Kampagnen auf TikTok sind oft diejenigen, die eine Geschichte erzählen, emotionale Verbindungen schaffen und die Nutzer aktiv einbeziehen.

Darüber hinaus hat TikTok das Feld des Influencer-Marketings revolutioniert. Die Plattform hat gezeigt, dass nicht nur traditionelle Influencer mit großen Followerzahlen bedeutend sind. Auf TikTok können auch Nutzer mit einer vergleichsweise kleinen Follower-Basis einen erheblichen Einfluss ausüben. Dies ist auf die Art und Weise zurückzuführen, wie TikToks Algorithmus arbeitet; er belohnt Inhalte, die echte Resonanz finden, unabhängig von der Bekanntheit des Erstellers.

Für Marken bedeutet dies, dass die Zusammenarbeit mit Mikro-Influencern eine ebenso effektive Strategie sein kann wie die Partnerschaft mit prominenten Persönlichkeiten. Mikro-Influencer haben oft eine sehr engagierte und spezialisierte Zielgruppe, was sie zu idealen Partnern für zielgerichtete Marketingkampagnen macht. Diese Form des Influencer-Marketings ermöglicht es Marken, spezifischere Segmente ihres Publikums anzusprechen und eine authentischere und glaubwürdigere Botschaft zu vermitteln.

Insgesamt hat TikTok die Marketingwelt dazu angeregt, über traditionelle Ansätze hinauszudenken und sich auf eine Ära einzustellen, in der Kreativität, Authentizität und direkte Nutzeransprache von entscheidender Bedeutung sind. Diese Entwicklung fordert Marken heraus, innovativer und anpassungsfähiger zu sein und gleichzeitig eine engere und bedeutungsvollere Verbindung zu ihrem Publikum aufzubauen.

2.

TIKTOK IM JAHR 2023: DIE UNÜBERTROFFENE MACHT EINER DIGITALEN REVOLUTION

Im Jahr 2023 ist TikTok weit mehr als eine bloße Social-Media-Plattform; es ist eine kulturelle Kraft, die die Welt in vielerlei Hinsicht beeinflusst. Mit einer Nutzerbasis, die sich über verschiedene Altersgruppen, Kulturen und Länder erstreckt, hat TikTok die Art und Weise revolutioniert, wie Menschen kommunizieren, interagieren und sich ausdrücken.

TikTok hat sich zu einer Plattform entwickelt, die nicht nur Unterhaltung bietet, sondern auch als ein mächtiges Werkzeug für Marketing, Bildung und politischen Diskurs dient. Unternehmen, Marken und sogar Regierungen nutzen TikTok, um ihre Botschaften zu verbreiten und mit einem breiteren Publikum in Kontakt zu treten. Die Einzigartigkeit von TikTok liegt in seiner Fähigkeit, kurze, ansprechende Inhalte zu liefern, die schnell viral gehen und eine große Reichweite erzielen können.

Die Plattform hat auch die Art und Weise verändert, wie Nachrichten und Informationen verbreitet werden. In einer Ära, in der traditionelle Nachrichtenquellen zunehmend hinterfragt werden, bietet TikTok eine alternative Informationsquelle, die besonders bei der jüngeren Generation beliebt ist. Nutzer wenden sich an TikTok, um sich über aktuelle Ereignisse zu informieren, wobei die Informationen oft in einem kreativen, visuell ansprechenden Format präsentiert werden.

Ein weiterer bemerkenswerter Aspekt von TikTok im Jahr 2023 ist die Art und Weise, wie es die Musikindustrie beeinflusst hat. Zahlreiche Künstler nutzen die Plattform, um ihre Musik zu promoten, und viele Songs erreichen durch TikTok erst ihre Popularität. TikTok hat sich als mächtiges Werkzeug für Musikmarketing und -promotion etabliert, indem es Künstlern ermöglicht, ein globales Publikum zu erreichen und mit ihren Fans auf einer persönlicheren Ebene zu interagieren.

TikTok hat auch eine neue Ära des Influencer-Marketings eingeläutet. Durch die Plattform haben sich neue Formen von Influencern entwickelt, deren Einfluss weit über traditionelle Werbemethoden hinausgeht. Diese Influencer sind nicht nur Werbeträger; sie sind Kulturschaffende, Meinungsmacher und Trendsetter. Marken, die mit diesen Influencern zusammenarbeiten, können ihre Botschaften auf authentische und wirkungsvolle Weise vermitteln.

Die soziale und kulturelle Wirkung von TikTok ist unbestreitbar. Die Plattform hat neue Formen des sozialen Engagements gefördert und Nutzern eine Stimme gegeben, um auf wichtige Themen aufmerksam zu machen. Von Umweltaktivismus bis hin zu sozialen Bewegungen hat TikTok Menschen aus aller Welt zusammengebracht, um gemeinsame Ziele zu verfolgen und Veränderungen herbeizuführen.

Die soziale und kulturelle Wirkung von TikTok ist unbestreitbar. Die Plattform hat neue Formen des sozialen Engagements gefördert und Nutzern eine Stimme gegeben, um auf wichtige Themen aufmerksam zu machen. Von Umweltaktivismus bis hin zu sozialen Bewegungen hat TikTok Menschen aus aller Welt zusammengebracht, um gemeinsame Ziele zu verfolgen und Veränderungen herbeizuführen.

Diese Rolle von TikTok als Katalysator für sozialen Wandel ist besonders relevant in einer Zeit, in der globale und lokale Themen zunehmend Aufmerksamkeit in den sozialen Medien erhalten. Durch die Verbreitung von Hashtags und die Schaffung viraler Inhalte hat TikTok es ermöglicht, dass Themen wie Klimawandel, soziale Gerechtigkeit und politische Reformen eine größere Sichtbarkeit und Dringlichkeit erlangen. Die Plattform hat sich als ein leistungsstarkes Werkzeug für Aktivisten und gemeinnützige Organisationen erwiesen, die ihre Botschaften verbreiten und Unterstützung für ihre Anliegen mobilisieren wollen.

Darüber hinaus hat TikTok neue Wege für Bildung und Lernen eröffnet. Lehrer, Dozenten und Bildungsexperten nutzen die Plattform, um Wissen auf unterhaltsame und ansprechende Weise zu vermitteln. Dies reicht von kurzen Tutorials über komplizierte wissenschaftliche Konzepte bis hin zu

Sprachkursen und historischen Erklärungen. Die Fähigkeit, komplexe Ideen in kurzen, visuell ansprechenden Videos zu präsentieren, hat TikTok zu einem beliebten Werkzeug im Bildungsbereich gemacht.

In der Geschäftswelt hat TikTok eine transformative Rolle gespielt. Kleine Unternehmen und Unternehmer nutzen die Plattform, um ihre Produkte und Dienstleistungen einem globalen Publikum vorzustellen. Durch kreative und innovative Inhalte können diese Unternehmen ihre Marken aufbauen und mit Kunden auf eine Weise interagieren, die in traditionellen Marketingkanälen nicht möglich wäre. TikTok hat es diesen Unternehmen ermöglicht, eine persönliche Verbindung zu ihrem Publikum aufzubauen und eine treue Fangemeinde zu entwickeln.

Diese Entwicklung hat die Landschaft des E-Commerce und des digitalen Marketings nachhaltig verändert. Auf TikTok präsentierte Produkte und Dienstleistungen erreichen oft ein breiteres und vielfältigeres Publikum als über traditionelle Werbekanäle. Die Plattform ermöglicht es, Produkte in einem realen Kontext zu zeigen, oft durch User-Generated Content, was eine authentischere und glaubwürdigere Präsentation ermöglicht. Dies hat insbesondere für kleine und mittelständische Unternehmen zu einer Demokratisierung des Marketings geführt, da sie nun in der Lage sind, mit größeren, etablierten Marken zu konkurrieren.

Ein weiteres bemerkenswertes Phänomen ist die Entstehung neuer Geschäftsmodelle, die durch TikTok inspiriert wurden. Influencer und Content-Ersteller haben begonnen, ihre eigene Marken und Produkte zu entwickeln, die direkt auf die Bedürfnisse und Wünsche ihrer Follower zugeschnitten sind. Dieser Trend zeigt, wie TikTok nicht nur als Marketingkanal, sondern auch als Inkubator für neue Geschäftsideen fungiert.

Die Auswirkungen von TikTok auf die Geschäftswelt gehen über das reine Marketing hinaus. Die Plattform hat auch die Art und Weise beeinflusst, wie Unternehmen mit ihren Mitarbeitern und Stakeholdern kommunizieren. Viele Firmen nutzen TikTok für interne Kommunikationskampagnen, um eine stärkere Bindung und ein besseres Verständnis unter ihren Mitarbeitern zu fördern. TikTok bietet eine Plattform, die Kreativität und Engagement fördert, was sich positiv auf die Unternehmenskultur auswirkt.

Darüber hinaus nutzen Unternehmen TikTok, um wichtige Botschaften und Informationen auf eine zugängliche und ansprechende Weise zu verbreiten. Dies reicht von der Bewusstseinsbildung für soziale und ökologische Initiativen bis hin zur Präsentation von Innovationen und neuen Technologien. Durch die Verbindung von Unterhaltung und Information hat TikTok es Unternehmen ermöglicht, komplexe Botschaften auf eine Art und Weise zu vermitteln, die das Publikum anspricht und einbezieht.

Die Fähigkeit von TikTok, eine breite Palette von Themen aufzunehmen und in ansprechende Inhalte zu verwandeln, hat auch zu einer Veränderung in der Art und Weise geführt, wie Unternehmen über Corporate Social Responsibility (CSR) kommunizieren. Anstatt sich auf traditionelle Pressemitteilungen oder Berichte zu verlassen, nutzen Unternehmen TikTok, um ihre CSR-Aktivitäten und ihr Engagement für die Gesellschaft auf eine dynamische und interaktive Weise darzustellen. Dies hat nicht nur zu einer erhöhten Sichtbarkeit ihrer Bemühungen geführt, sondern auch dazu beigetragen, die Markenwahrnehmung positiv zu beeinflussen.

Ein weiterer entscheidender Aspekt ist die Rolle von TikTok in der Mitarbeitergewinnung und -bindung. Unternehmen nutzen die Plattform, um ihre Unternehmenskultur zu präsentieren und potenzielle Mitarbeiter anzusprechen.

Durch die Präsentation des Arbeitsumfelds, Teamaktivitäten und Mitarbeitergeschichten auf TikTok können Unternehmen ein authentisches und ansprechendes Bild ihres Arbeitsplatzes vermitteln. Dies ist besonders wirkungsvoll, um jüngere Talente anzuziehen, die eine starke Präferenz für visuelle Inhalte und soziale Medien haben.

Die Integration von TikTok in die Unternehmensstrategie geht über reines Marketing hinaus. Es dient als Plattform für Marktforschung und Kundenfeedback. Unternehmen nutzen TikTok, um Einblicke in die Vorlieben und Abneigungen ihrer Zielgruppen zu gewinnen und direkt auf Kundenfeedback zu reagieren. Diese interaktive Form der Marktforschung ermöglicht es Unternehmen, schneller auf Markttrends zu reagieren und ihre Produkte oder Dienstleistungen entsprechend anzupassen.

Darüber hinaus nutzen viele Unternehmen TikTok für Live-Events und Produkteinführungen. Die Möglichkeit, Live-Streams zu hosten, hat es Unternehmen ermöglicht, globale Ereignisse in Echtzeit zu übertragen und direkt mit ihrem Publikum zu interagieren. Diese Live-Events bieten eine einzigartige Gelegenheit, Produkte zu präsentieren, Fragen zu beantworten und ein Gemeinschaftsgefühl unter den Zuschauern zu schaffen.

Die Nutzung von Live-Streams auf TikTok hat sich als besonders effektiv erwiesen, um die Aufmerksamkeit und das Engagement der Zuschauer zu steigern. Unternehmen nutzen diese Technik, um neue Produkte vorzustellen, Sonderaktionen anzukündigen oder exklusive Einblicke hinter die Kulissen zu gewähren. Diese Art der Interaktion erzeugt nicht nur Begeisterung und Interesse, sondern fördert auch das Gefühl der Verbundenheit zwischen Marke und Konsument.

Ein weiterer wichtiger Aspekt der TikTok-Live-Streams ist ihre Fähigkeit, sofortiges Feedback und direkte Interaktion mit den Zuschauern zu ermöglichen. Unternehmen können in Echtzeit auf Kommentare und Fragen reagieren, was eine sofortige und persönliche Kommunikation ermöglicht. Dieses direkte Engagement ist wertvoll für Marken, um ihre Botschaften zu verfeinern, Kundenbeziehungen zu stärken und ein tieferes Verständnis für die Bedürfnisse und Wünsche ihrer Zielgruppe zu entwickeln.

Neben den Live-Events hat TikTok auch zu einer neuen Art der Produktpräsentation geführt. Unternehmen nutzen die Plattform, um ihre Produkte in alltäglichen Szenarien zu zeigen, oft durch kreative und innovative Ansätze. Diese Art der Darstellung macht die Produkte für die Verbraucher greifbarer und relevanter. Die Fähigkeit, Produkte in Aktion zu sehen, insbesondere in Videos, die von realen Nutzern erstellt wurden, hat einen enormen Einfluss auf die Kaufentscheidungen der Verbraucher.

Zusätzlich zu Produktpräsentationen und Live-Events nutzen Unternehmen TikTok auch für Markenpartnerschaften und Kooperationen. Durch die Zusammenarbeit mit Influencern und anderen Marken können Unternehmen ihre Reichweite erweitern und neue Zielgruppen ansprechen. Diese Partnerschaften sind oft kreativ und nutzen die einzigartigen Möglichkeiten von TikTok, um einzigartige und einprägsame Kampagnen zu schaffen.

Die Auswirkungen von TikTok auf die Geschäftswelt sind vielfältig und tiefgreifend. Die Plattform hat es Unternehmen ermöglicht, auf innovative Weise mit ihrem Publikum zu interagieren und gleichzeitig ihre Marken auf authentische und einnehmende Weise zu präsentieren.
Die Rolle von TikTok im digitalen Marketing ist unbestreitbar und wird weiterhin eine Schlüsselrolle bei der Gestaltung der

Zukunft des Marketings und der Geschäftskommunikation spielen.

TikTok hat sich auch als einflussreiche Plattform für die Förderung von Markentreue und Kundenzufriedenheit etabliert. Durch die Schaffung von Inhalten, die auf die spezifischen Interessen und Vorlieben der Nutzer zugeschnitten sind, können Unternehmen eine stärkere emotionale Bindung mit ihrem Publikum aufbauen. Diese personalisierten Inhalte erhöhen nicht nur die Markenbindung, sondern fördern auch ein positives Markenimage, das letztendlich zu einer höheren Kundenbindung und -loyalität führt.

Darüber hinaus ist TikTok zu einem wichtigen Werkzeug für das Storytelling geworden. Unternehmen nutzen die Plattform, um ihre Geschichten auf kreative Weise zu erzählen, seien es die Ursprünge der Marke, die Werte des Unternehmens oder die Geschichten hinter ihren Produkten und Dienstleistungen. Diese Art des Storytellings ist besonders wirksam, da sie es den Zuschauern ermöglicht, eine tiefere Verbindung zur Marke aufzubauen und sich mit ihren Werten und Zielen zu identifizieren.

Ein weiterer bedeutender Trend auf TikTok ist die wachsende Bedeutung von User-Generated Content (UGC). Unternehmen ermutigen ihre Kunden, eigene Inhalte zu erstellen und zu teilen, die ihre Produkte oder Dienstleistungen präsentieren. Dieser Ansatz nutzt die Authentizität und Glaubwürdigkeit von UGC, um das Vertrauen und Engagement des Publikums zu stärken. UGC-Kampagnen auf TikTok haben sich als hochwirksam erwiesen, da sie nicht nur das Engagement erhöhen, sondern auch eine größere organische Reichweite generieren.

Neben diesen Marketingstrategien spielt TikTok auch eine entscheidende Rolle in der Erforschung neuer Märkte und Zielgruppen. Unternehmen nutzen die Daten und Einblicke, die sie über TikTok gewinnen, um ihre Marktstrategien zu verfeinern und besser auf die Bedürfnisse verschiedener Kundensegmente einzugehen. Diese datengesteuerte Herangehensweise ermöglicht es Unternehmen, ihre Produkte und Kampagnen effektiver zu gestalten und zielgerichteter zu vermarkten.

Abschließend ist die Präsenz und der Einfluss von TikTok im digitalen Zeitalter nicht zu übersehen. Die Plattform hat die Art und Weise, wie Unternehmen kommunizieren, sich vermarkten und mit ihrem Publikum interagieren, revolutioniert. TikTok wird voraussichtlich weiterhin eine treibende Kraft in der digitalen Marketinglandschaft sein und bietet Unternehmen vielfältige Möglichkeiten, ihre Reichweite zu erweitern und eine tiefere Verbindung zu ihrem Publikum aufzubauen.

3.
DIE VIELFALT UND INNOVATION DER TIKTOK-FUNKTIONEN

TikTok hat sich durch seine einzigartigen und innovativen Funktionen von anderen sozialen Medien abgehoben und bietet Nutzern eine Plattform, die sowohl vielseitig als auch benutzerfreundlich ist. Eine der Schlüsselfunktionen von TikTok ist die Videobearbeitung. Die Plattform bietet eine breite Palette von Bearbeitungswerkzeugen, die es Nutzern ermöglichen, ihre Videos mit Filtern, Effekten und Musik zu personalisieren. Diese Tools sind intuitiv gestaltet und erfordern keine professionellen Kenntnisse im Videobearbeiten, was TikTok für ein breites Publikum zugänglich macht.

Ein weiteres wichtiges Merkmal von TikTok ist das Algorithmus-basierte „For You"-Feed. Dieser Feed verwendet einen komplexen Algorithmus, um Nutzern personalisierte Inhalte basierend auf ihren Vorlieben und Interaktionen zu präsentieren. Anders als bei vielen anderen sozialen Medien, bei denen Inhalte hauptsächlich auf der Basis von Follower-Netzwerken oder manuellen Auswahlprozessen kuratiert werden, passt sich TikToks Feed automatisch an das Verhalten und die Vorlieben jedes einzelnen Nutzers an.

Die Funktion der „Duetts" ist eine weitere innovative Eigenschaft von TikTok, die es Nutzern ermöglicht, Videos zu erstellen, die Seite an Seite mit dem Originalvideo eines

21

anderen Nutzers laufen. Diese Funktion fördert die Interaktion und Kreativität innerhalb der TikTok-Gemeinschaft und hat zu einigen der viralsten und kreativsten Inhalte auf der Plattform geführt.

TikTok bietet auch die Möglichkeit, Live-Streams zu hosten, was eine direkte und unmittelbare Interaktion mit dem Publikum ermöglicht. Diese Live-Streams werden oft für Q&A-Sitzungen, Performances und interaktive Gespräche genutzt. Sie bieten eine Plattform für Echtzeit-Engagement und haben sich als wirksames Mittel für Influencer und Marken erwiesen, um ihre Reichweite zu vergrößern und ihre Community zu stärken.

Die Plattform hat auch ein einzigartiges Ökosystem für Inhalte geschaffen, das auf Hashtag-Challenges basiert. Diese Herausforderungen regen Nutzer an, eigene Inhalte zu einem bestimmten Thema oder Trend zu erstellen und zu teilen. Sie sind oft spielerisch und kreativ und tragen dazu bei, eine gemeinschaftliche Atmosphäre auf der Plattform zu schaffen.

Darüber hinaus bietet TikTok umfangreiche Möglichkeiten zur Monetarisierung für Content-Ersteller durch Funktionen wie virtuelle Geschenke und den Creator Fund. Diese Funktionen ermöglichen es Nutzern, finanziell von ihrer Kreativität und ihrem Engagement auf der Plattform zu profitieren.

Die Kombination dieser Funktionen macht TikTok zu einer Plattform, die nicht nur Unterhaltung bietet, sondern auch eine Quelle für Kreativität, soziale Interaktion und sogar Einkommen darstellt. TikToks fortwährende Einführung neuer Funktionen und Verbesserungen zeigt das Bestreben, eine dynamische und sich ständig weiterentwickelnde Plattform zu bleiben.

Die Integration von Musik und Soundtracks in TikTok bietet den Nutzern eine nahezu unendliche Vielfalt an Möglichkeiten, ihre Videos zu personalisieren. Diese Funktion ist nicht nur für die Erstellung unterhaltsamer und einprägsamer Inhalte wesentlich, sondern hat auch zu neuen musikalischen Trends und Phänomenen geführt. Oft werden Lieder durch ihre Popularität auf TikTok zu weltweiten Hits, was die enge Verknüpfung zwischen der Plattform und der Musikindustrie unterstreicht.

TikTok hat auch eine neue Art der Interaktion durch die Funktion der "Reaktionen" eingeführt. Nutzer können auf Videos reagieren, indem sie ihre eigenen Videos aufnehmen, die parallel zum Originalvideo abgespielt werden. Diese Funktion fördert eine dynamischere und vielschichtigere Form der Kommunikation und Interaktion innerhalb der Community.

Ein weiterer wichtiger Aspekt von TikTok sind die umfangreichen Anpassungsoptionen für die Privatsphäre und Sicherheit. Nutzer können detailliert einstellen, wer ihre Inhalte sehen und wie mit ihnen interagiert werden kann. Diese Einstellungen sind besonders wichtig in einer Zeit, in der Datenschutz und Online-Sicherheit zentrale Anliegen sind.

TikTok hat auch die Art und Weise, wie Marken und Unternehmen die Plattform nutzen, revolutioniert. Mit Funktionen wie Branded Hashtag Challenges und der Möglichkeit, direkt auf der Plattform zu werben, bietet TikTok Unternehmen innovative Wege, ihre Zielgruppen zu erreichen und mit ihnen zu interagieren. Diese Marketingtools sind speziell darauf ausgelegt, die einzigartigen Eigenschaften von TikTok zu nutzen und eine tiefere Verbindung zwischen Marken und Nutzern herzustellen.

Die Branded Hashtag Challenges sind ein besonders effektives Werkzeug für Marken, um Engagement und Reichweite zu steigern. Unternehmen können eigene Hashtags kreieren und Challenges starten, die Nutzer dazu anregen, eigene Inhalte zu erstellen, die mit der Marke in Verbindung stehen. Diese Art von Kampagnen nutzt die natürliche Neigung der TikTok-Nutzer zur Kreativität und zum Teilen von Inhalten und schafft so virale Marketingmomente.

Neben den Hashtag Challenges bietet TikTok auch die Möglichkeit für gezielte Werbung. Unternehmen können personalisierte Werbeanzeigen schalten, die in den Feeds der Nutzer erscheinen. Diese Anzeigen sind so gestaltet, dass sie nahtlos in das TikTok-Erlebnis integriert sind und können auf spezifische demografische Merkmale, Interessen und Verhaltensweisen ausgerichtet werden. Die zielgerichtete Werbung auf TikTok ermöglicht es Unternehmen, ihre Botschaften effektiv an relevante Zielgruppen zu übermitteln.

Eine weitere innovative Funktion, die TikTok Unternehmen bietet, ist die Möglichkeit, mit Influencern für gesponserte Inhalte zusammenzuarbeiten. Influencer auf TikTok haben oft eine hohe Glaubwürdigkeit und ein engagiertes Publikum, was sie zu idealen Partnern für Marken macht.
Durch die Zusammenarbeit mit Influencern können Unternehmen von deren Kreativität und Einfluss profitieren, um authentische und wirkungsvolle Kampagnen zu erstellen.

TikTok hat auch Funktionen für E-Commerce integriert, die es Unternehmen ermöglichen, ihre Produkte direkt über die Plattform zu verkaufen. Durch Features wie shoppable Ads und integrierte Einkaufsfunktionen können Unternehmen ihre Produkte direkt in ihren TikTok-Videos bewerben und den Nutzern ermöglichen, Käufe ohne Verlassen der App zu tätigen. Dies eröffnet neue Möglichkeiten für nahtlose und bequeme Einkaufserlebnisse.

Die Vielfalt und Flexibilität der Marketing- und Werbemöglichkeiten auf TikTok machen die Plattform zu einem unverzichtbaren Werkzeug für moderne Marken und Unternehmen. Durch die ständige Weiterentwicklung und Einführung neuer Funktionen bleibt TikTok an der Spitze der digitalen Marketinglandschaft und bietet kontinuierlich neue Wege für Unternehmen, um mit ihrem Publikum in Verbindung zu treten und zu interagieren.

Die Flexibilität und Innovationskraft von TikTok im Bereich des Marketings und der Werbung eröffnet Unternehmen fortlaufend neue Wege, um effektiv mit ihrem Publikum zu kommunizieren und zu interagieren. Neben den bereits erwähnten Funktionen wie Branded Hashtag Challenges, gezielter Werbung und der Zusammenarbeit mit Influencern, bietet TikTok noch weitere einzigartige Möglichkeiten, die die Plattform für Unternehmen besonders attraktiv machen.

Eines der bemerkenswertesten Merkmale von TikTok ist seine Fähigkeit, Nischenmärkte und spezifische Interessengruppen zu erreichen. Durch den Einsatz des ausgeklügelten Algorithmus können Unternehmen ihre Inhalte gezielt an Nutzer ausliefern, die sich für spezielle Themen oder Aktivitäten interessieren. Dies ermöglicht eine hohe Zielgenauigkeit in der Ansprache und führt zu höheren Engagement-Raten, da die Inhalte für die Nutzer relevanter und ansprechender sind.

TikTok bietet auch umfangreiche Analyse- und Messwerkzeuge, die Unternehmen wertvolle Einblicke in die Leistung ihrer Inhalte und Kampagnen geben. Diese Werkzeuge umfassen Daten zu Reichweite, Engagement, Videoviews und Interaktionen, was es den Unternehmen ermöglicht, den Erfolg ihrer Strategien genau zu bewerten und ihre Taktiken entsprechend anzupassen. Diese datenbasierten Einblicke sind entscheidend für die

Optimierung von Marketingkampagnen und für das Verständnis des Publikumsverhaltens.

Darüber hinaus ist TikTok eine Plattform, die sich ständig weiterentwickelt und an die sich ändernden Bedürfnisse und Trends anpasst. Dies bedeutet, dass Unternehmen, die TikTok nutzen, Zugang zu den neuesten Funktionen und Trends im Bereich des digitalen Marketings haben.

Die Plattform ist bekannt dafür, schnell auf Nutzerfeedback zu reagieren und neue Funktionen einzuführen, die sowohl die Nutzererfahrung als auch die Marketingmöglichkeiten verbessern.

TikTok hat sich als Plattform für kreative Kampagnen und Storytelling etabliert. Unternehmen nutzen die einzigartigen Videofunktionen von TikTok, um fesselnde Geschichten zu erzählen, die ihre Markenwerte und Botschaften vermitteln.

Diese Art des Storytellings ist besonders wirkungsvoll, da sie emotionale Verbindungen zum Publikum aufbaut und die Markenbotschaft in einer Weise vermittelt, die über traditionelle Werbetechniken hinausgeht.

Diese narrativen Ansätze auf TikTok ermöglichen es den Marken, komplexe Geschichten in kurzen, aber kraftvollen Sequenzen zu erzählen, die das Publikum fesseln und eine bleibende Wirkung hinterlassen. Durch die Nutzung von Musik, visuellen Effekten und der authentischen Sprache von TikTok können Marken eine Atmosphäre schaffen, die ihre Geschichten nicht nur erzählt, sondern sie erlebbar macht.

Die Plattform ermöglicht auch eine neue Form des interaktiven Storytellings, bei dem Zuschauer eingeladen werden, Teil der Geschichte zu werden. Durch die Einbindung von Funktionen wie Polls, Q&A-Sessions und interaktiven Hashtag-Challenges können Marken ihre Geschichten in dialogorientierte Erlebnisse verwandeln, die das Publikum direkt einbeziehen und zur aktiven Teilnahme anregen.

Zusätzlich zu diesen narrativen Techniken nutzen Unternehmen TikTok, um ihre Unternehmenskultur und Werte auf eine Weise zu präsentieren, die Authentizität und Transparenz fördert. Durch das Teilen von Einblicken hinter die Kulissen, Mitarbeiterporträts und die Darstellung ihres Engagements für soziale und ökologische Themen können Unternehmen eine stärkere Verbindung zu ihrem Publikum aufbauen und Vertrauen schaffen.

TikTok bietet auch eine einzigartige Plattform für experimentelles Marketing. Unternehmen nutzen die Vielseitigkeit und Kreativität der TikTok-Community, um einzigartige und innovative Kampagnen zu entwickeln, die oft viral gehen. Diese Experimentierfreudigkeit auf TikTok eröffnet neue Horizonte für kreative Marketingansätze, die die Grenzen des Möglichen erweitern und neue Trends setzen.

Die Vielfalt der Inhalte auf TikTok – von humorvollen Skits bis hin zu informativen Tutorials – ermöglicht es Marken zudem, verschiedene Aspekte ihrer Produkte oder Dienstleistungen auf unterhaltsame und lehrreiche Weise zu präsentieren. Dieser vielseitige Ansatz spricht ein breites Publikum an und ermöglicht es Marken, verschiedene Facetten ihrer Persönlichkeit zu zeigen.

In der Welt der sozialen Medien bleibt TikTok mit seinen kontinuierlichen Innovationen und der Einführung neuer Funktionen an der Spitze. Diese ständige Evolution ermöglicht es Marken, auf kreative und wirkungsvolle Weise mit ihrem Publikum zu interagieren.

Die Plattform hat sich auch als fruchtbarer Boden für die Entwicklung von Community-basierten Kampagnen erwiesen. Marken nutzen die Stärke der TikTok-Gemeinschaft, um Botschaften zu verbreiten, die über das Produktmarketing hinausgehen und sich auf soziale, ökologische oder kulturelle Themen konzentrieren. Durch die Einbindung der Community in diese Kampagnen entstehen authentische Dialoge und tiefe Verbindungen, die weit über die Oberflächlichkeit herkömmlicher Werbung hinausgehen.

Ein weiterer Aspekt, der TikTok für Unternehmen attraktiv macht, ist die globale Reichweite der Plattform. Marken haben die Möglichkeit, mit einem weltweiten Publikum zu kommunizieren und ihre Botschaften über kulturelle und geografische Grenzen hinweg zu verbreiten. Dies ist besonders wichtig für globale Marken, die eine konsistente Botschaft über verschiedene Märkte hinweg kommunizieren wollen, aber auch für kleinere Marken, die eine internationale Präsenz aufbauen möchten.

Die Schnelligkeit und Viralität von TikTok sind ebenfalls Schlüsselfaktoren für seinen Erfolg im Marketingbereich. Inhalte auf TikTok können innerhalb kürzester Zeit eine enorme Reichweite erzielen, was für Marken die Chance bietet, schnell Bekanntheit zu erlangen. Diese Dynamik erfordert allerdings auch eine schnelle Reaktionsfähigkeit und Anpassungsfähigkeit der Marken, um mit den sich ständig ändernden Trends und Nutzerinteressen Schritt zu halten.

Abschließend ist festzustellen, dass TikTok eine unvergleichliche Plattform für modernes Marketing darstellt. Mit seiner einzigartigen Kombination aus kreativen Tools, einer engagierten Community und einer globalen Reichweite bietet TikTok Unternehmen unzählige Möglichkeiten, ihre Marke aufzubauen, mit ihrem Publikum in Verbindung zu treten und in der digitalen Landschaft erfolgreich zu sein.

4.
ENTSCHLÜSSELUNG DES TIKTOK-ALGORITHMUS 2023

Das Verständnis des Algorithmus von TikTok ist entscheidend, um zu begreifen, wie die Plattform funktioniert und warum sie so erfolgreich ist. Ein Algorithmus ist im Grunde ein Satz von Anweisungen oder Regeln, die von einem Computerprogramm befolgt werden, um Aufgaben auszuführen oder Entscheidungen zu treffen. Im Kontext von TikTok entscheidet der Algorithmus, welche Inhalte den Nutzern in ihrem Feed angezeigt werden.

Im Jahr 2023 hat TikTok seinen Algorithmus weiterentwickelt, um eine noch persönlichere und engagiertere Nutzererfahrung zu bieten. Der Kern des TikTok-Algorithmus basiert auf einer Reihe von Faktoren, die bestimmen, welche Inhalte einem Nutzer angezeigt werden. Diese Faktoren umfassen Nutzerinteraktionen wie das Ansehen von Videos, das Liken, Kommentieren und Teilen, die Art des konsumierten Inhalts, die Verweildauer auf bestimmten Videos und die Nutzerinteraktion mit verschiedenen Inhaltstypen.

Eine der Schlüsselkomponenten des TikTok-Algorithmus ist das maschinelle Lernen, eine Form der künstlichen Intelligenz, die es dem System ermöglicht, aus Nutzerinteraktionen zu lernen und die Inhaltsauswahl im Laufe der Zeit zu verfeinern. Dies bedeutet, dass der

Algorithmus ständig angepasst wird, basierend auf dem, was ein Nutzer sieht und mit welchen Arten von Inhalten er interagiert. So entsteht ein hochpersonalisierter Feed, der genau auf die Vorlieben und Interessen jedes einzelnen Nutzers zugeschnitten ist.

TikTok berücksichtigt auch Faktoren wie aktuelle Trends, populäre Themen und geografische Lage. Dies ermöglicht es dem Algorithmus, lokale und globale Trends zu erkennen und Inhalte zu präsentieren, die für den Nutzer relevant sind. Diese Fähigkeit, Trends schnell zu erkennen und darauf zu reagieren, ist ein wesentlicher Grund, warum TikTok als Plattform so dynamisch und anpassungsfähig bleibt.

Neben den Interaktionen und Vorlieben der Nutzer berücksichtigt der TikTok-Algorithmus auch die Vielfalt der Inhalte. Das Ziel ist es, den Nutzern eine breite Palette von Inhalten anzubieten, um ein vielseitiges und interessantes Erlebnis zu gewährleisten. Dies bedeutet, dass der Algorithmus auch Inhalte empfiehlt, die außerhalb der gewöhnlichen Interessen des Nutzers liegen, um eine gewisse Vielfalt im Feed zu bewahren und die Entdeckung neuer Inhalte und Kreatoren zu fördern.

Ein weiterer wichtiger Aspekt des TikTok-Algorithmus ist der Schutz der Nutzer und die Förderung eines sicheren Umfelds. TikTok hat Mechanismen implementiert, um schädliche oder unangemessene Inhalte zu erkennen und zu filtern. Diese Sicherheitsmaßnahmen sind integraler Bestandteil des Algorithmus und stellen sicher, dass die Plattform nicht nur unterhaltsam, sondern auch sicher für ihre Nutzer bleibt.

Diese Sicherheitsmechanismen auf TikTok sind vielschichtig und basieren auf einer Kombination aus maschinellem Lernen, künstlicher Intelligenz und menschlicher Überwachung. Der Algorithmus ist darauf trainiert, Inhalte zu identifizieren, die gegen die Gemeinschaftsrichtlinien von

TikTok verstoßen, wie zum Beispiel Hassreden, Gewaltdarstellungen oder gefährliche Challenges. Wenn solche Inhalte erkannt werden, werden sie entweder automatisch entfernt oder zur weiteren Überprüfung an ein Team von Moderatoren weitergeleitet.

Ein wesentlicher Aspekt des Sicherheitsmechanismus ist die Fähigkeit des Algorithmus, sich kontinuierlich anzupassen und zu lernen. Mit jedem neuen Inhalt, der auf der Plattform hochgeladen wird, sammelt der Algorithmus Daten und verfeinert seine Fähigkeit, unangemessene Inhalte zu erkennen und zu filtern. Diese fortlaufende Anpassung ist entscheidend, um mit den sich ständig ändernden Formen von Online-Bedrohungen Schritt zu halten.

TikTok ermöglicht es den Nutzern auch, eigene Sicherheitseinstellungen anzupassen. Nutzer können beispielsweise wählen, wer ihre Inhalte kommentieren darf, wer ihnen Nachrichten senden kann und wer ihre Videos duettieren darf. Diese individuellen Einstellungsmöglichkeiten geben den Nutzern mehr Kontrolle über ihre Erfahrungen auf der Plattform und helfen dabei, eine sicherere und positivere Umgebung zu schaffen.

Darüber hinaus investiert TikTok in Aufklärung und Sensibilisierung seiner Nutzer in Bezug auf Sicherheit und angemessenes Verhalten in sozialen Medien. Durch Kampagnen, Partnerschaften mit Organisationen und die Bereitstellung von Bildungsressourcen trägt TikTok dazu bei, das Bewusstsein für Online-Sicherheit und digitales Wohlbefinden zu schärfen.

Die Bedeutung des TikTok-Algorithmus geht über die bloße Personalisierung von Inhalten hinaus. Er spielt eine zentrale Rolle in der Schaffung einer sicheren und einladenden Plattform, die den Nutzern nicht nur Unterhaltung, sondern auch ein geschütztes Umfeld bietet. Die kontinuierliche

Weiterentwicklung und Anpassung des Algorithmus an neue Herausforderungen und Bedrohungen ist ein wesentlicher Bestandteil der Strategie von TikTok, um eine positive und sichere Erfahrung für alle seine Nutzer zu gewährleisten.

Die kontinuierliche Weiterentwicklung und Anpassung des TikTok-Algorithmus an neue Herausforderungen und Bedrohungen ist ein wesentlicher Bestandteil der Strategie von TikTok, um eine positive und sichere Erfahrung für alle seine Nutzer zu gewährleisten. Diese Bemühungen sind besonders wichtig, da die Plattform eine immer vielfältigere Nutzerbasis anspricht, die unterschiedliche Bedürfnisse und Erwartungen an die Inhalte und die Sicherheit hat.
Ein zentraler Aspekt dieser Bemühungen ist die Einbindung von Nutzerfeedback in die Entwicklung des Algorithmus.

TikTok hat Systeme eingerichtet, die es den Nutzern ermöglichen, Feedback zu geben und Bedenken hinsichtlich der Inhalte zu melden. Dieses Feedback wird genutzt, um den Algorithmus kontinuierlich zu verbessern und an die sich ändernden Anforderungen der Nutzer anzupassen. Solche Rückmeldungen sind entscheidend, um sicherzustellen, dass der Algorithmus effektiv auf die Bedürfnisse und Bedenken der TikTok-Gemeinschaft eingeht.

Darüber hinaus arbeitet TikTok mit externen Experten und Organisationen zusammen, um seinen Algorithmus und seine Sicherheitsmaßnahmen zu überprüfen und zu verbessern. Diese Zusammenarbeit ermöglicht es TikTok, von externem Wissen und Perspektiven zu profitieren und sicherzustellen, dass seine Algorithmen und Sicherheitsrichtlinien den besten Praktiken und Standards entsprechen.

Ein weiterer wichtiger Bereich, in dem der TikTok-Algorithmus eine Rolle spielt, ist die Förderung von Vielfalt und Inklusion. TikTok ist bestrebt, eine Plattform zu sein, die eine Vielzahl von Stimmen und Perspektiven repräsentiert. Der

Algorithmus ist so konzipiert, dass er eine breite Palette von Inhalten und Kreatoren fördert, um sicherzustellen, dass verschiedene Gruppen und Meinungen auf der Plattform sichtbar sind. Diese Bemühungen sind entscheidend, um eine inklusive und vielfältige Gemeinschaft aufzubauen, in der sich alle Nutzer repräsentiert und wertgeschätzt fühlen.

Neben diesen Aspekten spielt der Algorithmus auch eine entscheidende Rolle bei der Identifizierung und Förderung von Trends auf TikTok. Durch die Analyse von Nutzerinteraktionen und die Erkennung von Mustern kann der Algorithmus frühzeitig Trends identifizieren und sie in den Feeds der Nutzer hervorheben. Diese Fähigkeit, schnell auf sich ändernde Interessen und Vorlieben zu reagieren, macht TikTok zu einer dynamischen und stets aktuellen Plattform.

Diese dynamische Natur des TikTok-Algorithmus ist besonders relevant, wenn es um virale Inhalte geht. Der Algorithmus ist darauf ausgerichtet, Inhalte, die ein hohes Engagement und Interesse bei den Nutzern erzeugen, schnell zu erkennen und in den Vordergrund zu stellen. Dies führt oft dazu, dass bestimmte Videos innerhalb kürzester Zeit viral gehen und eine enorme Reichweite erlangen. Für Content-Ersteller und Marken bietet dies eine einzigartige Möglichkeit, innerhalb eines kurzen Zeitraums eine beachtliche Aufmerksamkeit zu erzielen.

Die Anpassungsfähigkeit des TikTok-Algorithmus zeigt sich auch in seiner Reaktion auf die Nutzerinteraktion mit den angezeigten Inhalten. Wenn ein Nutzer beispielsweise häufig Videos zu einem bestimmten Thema ansieht, lernt der Algorithmus, ähnliche Inhalte in dessen Feed zu priorisieren. Diese Personalisierung trägt dazu bei, dass jeder Nutzer ein individuelles und auf seine Interessen zugeschnittenes Erlebnis auf der Plattform hat.

Ein weiteres Element des Algorithmus ist seine Fähigkeit, ein ausgewogenes Verhältnis zwischen bekannten und neuen Content-Erstellern zu schaffen. Während der Algorithmus populäre und häufig angesehene Inhalte hervorhebt, stellt er auch sicher, dass neue und aufstrebende Kreatoren die Chance haben, entdeckt zu werden. Dies fördert eine vielfältige und dynamische Content-Landschaft auf TikTok, in der ständig neue Talente und Ideen zum Vorschein kommen.

Der TikTok-Algorithmus berücksichtigt auch die Bedeutung von lokalen Inhalten und kulturellen Besonderheiten. Nutzer erhalten nicht nur globale Trends und beliebte Inhalte, sondern auch Videos, die spezifisch für ihre Region oder Kultur relevant sind. Dies stärkt die lokale Gemeinschaft und Kultur auf der Plattform und sorgt dafür, dass TikTok weltweit eine breite und vielfältige Nutzerbasis anspricht.

Insgesamt ist der Algorithmus von TikTok ein äußerst komplexes und fortgeschrittenes System, das ständig weiterentwickelt wird, um die Bedürfnisse und Präferenzen seiner Nutzer optimal zu bedienen. Mit seiner Fähigkeit, Trends zu erkennen, Inhalte zu personalisieren und eine vielfältige Content-Landschaft zu fördern, spielt der Algorithmus eine entscheidende Rolle in der Gestaltung der TikTok-Erfahrung und trägt maßgeblich zum Erfolg der Plattform bei.

Die kontinuierliche Entwicklung des TikTok-Algorithmus ermöglicht es der Plattform, immer auf dem neuesten Stand zu bleiben und sich an die sich schnell ändernden digitalen Trends anzupassen. Diese Anpassungsfähigkeit ist besonders wichtig, da sie es TikTok ermöglicht, nicht nur aktuelle, sondern auch zukünftige Nutzerbedürfnisse zu antizipieren und darauf zu reagieren.

Ein wichtiger Aspekt, der den TikTok-Algorithmus im Jahr 2023 auszeichnet, ist seine Fähigkeit, ein Gleichgewicht zwischen globaler Reichweite und lokaler Relevanz zu schaffen. Während Nutzer Zugang zu globalen Trends und beliebten Inhalten haben, sorgt der Algorithmus auch dafür, dass lokale Inhalte, die für bestimmte Kulturen und Regionen spezifisch sind, gefördert werden. Dieser lokalisierte Ansatz trägt dazu bei, eine stärkere Verbindung zwischen Nutzern und ihrer unmittelbaren Umgebung herzustellen, was die Plattform für ein breites Spektrum an Nutzern ansprechend macht.

Darüber hinaus nutzt TikTok seinen Algorithmus, um eine positive und konstruktive Umgebung zu fördern. Durch die Förderung von Inhalten, die kreative Ausdrucksformen, Bildung und positive soziale Interaktionen betonen, trägt TikTok dazu bei, eine Gemeinschaft zu schaffen, die auf gegenseitiger Unterstützung und Respekt basiert. Dies zeigt sich in der Art und Weise, wie der Algorithmus Inhalte priorisiert, die positiv, inspirierend und bereichernd sind.

Der Algorithmus ist auch entscheidend für die Unterstützung von Werbetreibenden und Marken. Durch die Bereitstellung detaillierter Analysen und Einblicke ermöglicht er es Werbetreibenden, ihre Zielgruppen effektiver zu erreichen und ihre Marketingstrategien zu optimieren. Die Fähigkeit, präzise Zielgruppen zu identifizieren und maßgeschneiderte Inhalte zu liefern, macht TikTok zu einem unschätzbaren Werkzeug für digitales Marketing und Markenbildung.

Schließlich spielt der Algorithmus eine Schlüsselrolle bei der Weiterentwicklung der TikTok-Plattform selbst. Durch die ständige Analyse von Nutzerdaten und -verhalten kann TikTok neue Funktionen und Verbesserungen einführen, die das Nutzererlebnis verbessern und die Plattform für ein breiteres Publikum attraktiv machen. Diese fortlaufende Innovation stellt sicher, dass TikTok eine führende Rolle in der digitalen Landschaft behält und eine Plattform bleibt, die sowohl für Nutzer als auch für Marken relevant und ansprechend ist.

Der TikTok-Algorithmus im Jahr 2023 ist somit nicht nur ein Werkzeug zur Inhaltskuratierung, sondern ein wesentlicher Bestandteil der gesamten TikTok-Erfahrung. Er ermöglicht es der Plattform, sich ständig weiterzuentwickeln, auf Nutzerbedürfnisse zu reagieren und eine dynamische, vielfältige und sichere Umgebung zu schaffen, die weltweit Millionen von Nutzern anspricht.

5.

GLOBALEN RUHM ERLANGEN: DEN TIKTOK-ALGORITHMUS STRATEGISCH NUTZEN

In der Welt von TikTok kann der richtige Umgang mit dem Algorithmus der Plattform entscheidend sein, um global bekannt zu werden. Das Verständnis und die strategische Nutzung des TikTok-Algorithmus können Content-Erstellern, Marken und Influencern helfen, eine massive Reichweite und Sichtbarkeit zu erzielen.
In diesem Kapitel werden wir untersuchen, wie man den Algorithmus von TikTok gezielt einsetzen kann, um eine globale Präsenz aufzubauen.

Der erste Schritt, um den TikTok-Algorithmus zu seinem Vorteil zu nutzen, ist die Erstellung von Inhalten, die hochgradig ansprechend und teilbar sind. Der Algorithmus favorisiert Inhalte, die starke Reaktionen wie Likes, Kommentare und Shares hervorrufen. Deshalb ist es wichtig, Inhalte zu erstellen, die das Publikum nicht nur unterhalten, sondern auch zum Interagieren anregen. Dies kann durch kreatives Storytelling, die Teilnahme an aktuellen Trends oder die Schaffung einzigartiger und origineller Inhalte erreicht werden.

Ein weiterer Schlüssel zur Optimierung für den TikTok-Algorithmus ist die Konsistenz. Regelmäßiges Posten von

Inhalten erhöht die Chancen, vom Algorithmus bemerkt zu werden. Dabei ist es wichtig, die Balance zwischen Quantität und Qualität zu halten, um sicherzustellen, dass die Inhalte weiterhin ansprechend und interessant für die Zielgruppe bleiben.

Die Nutzung von Trending Hashtags und Sounds auf TikTok ist ebenfalls eine wirksame Strategie, um vom Algorithmus bevorzugt zu werden. Durch das Aufspringen auf Trends können Content-Ersteller ihre Sichtbarkeit erhöhen und Teil größerer Konversationen innerhalb der Plattform werden. Dabei ist es entscheidend, Trends schnell zu identifizieren und darauf zu reagieren, um von der anfänglichen Welle des Interesses zu profitieren.

Das Verständnis der Zielgruppe ist ebenfalls entscheidend, um den Algorithmus effektiv zu nutzen. Durch die Analyse von Engagement-Daten und Nutzerverhalten können Content-Ersteller Einblicke gewinnen, welche Arten von Inhalten bei ihrem Publikum am besten ankommen. Diese Daten können genutzt werden, um zukünftige Inhalte besser auf die Interessen und Vorlieben der Zielgruppe abzustimmen.

Die Interaktion mit der TikTok-Community spielt ebenfalls eine wichtige Rolle. Der Algorithmus neigt dazu, Inhalte von Erstellern zu bevorzugen, die aktiv mit ihrem Publikum interagieren, sei es durch das Beantworten von Kommentaren, das Erstellen von Inhalten, die zur Interaktion einladen, oder durch die Teilnahme an Duett- oder Stitch-Funktionen. Diese Art der Interaktion hilft dabei, eine loyale Gemeinschaft aufzubauen, die wiederum das Engagement und die Reichweite erhöht.

Darüber hinaus ist es wichtig, die neuesten Funktionen und Updates von TikTok zu verfolgen und in die Content-Strategie zu integrieren. Die Nutzung neuer Funktionen kann dazu beitragen, die Inhalte frisch und relevant zu halten und vom Algorithmus bevorzugt zu werden.

Die kontinuierliche Anpassung an die neuesten Funktionen zeigt dem Algorithmus von TikTok, dass der Content-Ersteller aktiv und engagiert ist, was wiederum die Wahrscheinlichkeit erhöht, dass ihre Inhalte einer breiteren Zielgruppe vorgestellt werden. Neue Funktionen wie Augmented-Reality-Filter, interaktive Polls oder innovative Bearbeitungswerkzeuge können genutzt werden, um einzigartige und auffällige Inhalte zu erstellen, die sich von der Masse abheben.

Eine weitere effektive Strategie ist das Experimentieren mit verschiedenen Arten von Inhalten. Der TikTok-Algorithmus bevorzugt Vielfalt und Kreativität, daher kann das Ausprobieren verschiedener Formate, Stile und Themen helfen, ein breiteres Publikum anzusprechen. Dazu gehören unter anderem humorvolle Sketche, lehrreiche Tutorials, persönliche Vlogs oder künstlerische Darbietungen. Indem man ein breites Spektrum an Inhalten abdeckt, erhöhen Content-Ersteller ihre Chancen, verschiedene Nutzergruppen anzusprechen und ihren Einfluss auf der Plattform zu erweitern.

Die Analyse von Trends und die Anpassung an sie ist ein weiterer Schlüsselaspekt beim Ausnutzen des TikTok-Algorithmus. Erfolgreiche TikTok-Nutzer halten ständig Ausschau nach aufkommenden Trends und adaptieren sie schnell in ihre eigenen Inhalte. Dies erfordert ein tiefes Verständnis für die Dynamik der Plattform und ein gutes Gespür für die sich ändernden Interessen der TikTok-Community. Das schnelle Aufgreifen und Umsetzen von Trends kann zu einer erheblichen Steigerung der Sichtbarkeit und des Engagements führen.

Außerdem ist es entscheidend, auf die Interaktion mit der Community zu achten. Der Algorithmus von TikTok bevorzugt Inhalte von Erstellern, die eine starke Bindung zu ihrer Community aufbauen. Dies umfasst Aktivitäten wie das Reagieren auf Kommentare, das Erstellen von Inhalten basierend auf Nutzervorschlägen oder das Einleiten von Diskussionen. Ein starker Community-Fokus kann nicht nur das Engagement erhöhen, sondern auch eine treue Anhängerschaft aufbauen, die regelmäßig Inhalte konsumiert und teilt.

Das Timing der Veröffentlichungen ist ebenfalls ein wichtiger Faktor. Durch das Posten von Inhalten zu Zeiten, wenn die Zielgruppe am aktivsten ist, können Content-Ersteller die Sichtbarkeit ihrer Posts maximieren. Dies erfordert ein Verständnis dafür, wann die eigene Zielgruppe am wahrscheinlichsten auf TikTok aktiv ist, was durch Analysewerkzeuge und Beobachtung des Nutzerverhaltens ermittelt werden kann.

Die optimale Zeit für die Veröffentlichung von Inhalten kann variieren, abhängig von Faktoren wie der geografischen Lage der Zielgruppe, Wochentagen und besonderen Ereignissen oder Feiertagen. Erfolgreiche TikTok-Nutzer analysieren oft die Leistung ihrer früheren Posts, um Muster in der Nutzeraktivität zu erkennen und ihre Veröffentlichungsstrategie entsprechend anzupassen. Dieser datengesteuerte Ansatz ermöglicht es ihnen, ihre Inhalte strategisch zu planen und zu veröffentlichen, um die größtmögliche Aufmerksamkeit zu erzielen.

Ein weiterer Schlüsselaspekt ist die Qualität und Originalität der Inhalte. In einer Plattform, die von Kreativität und Innovation lebt, sind einzigartige und hochwertige Inhalte entscheidend, um sich von der Masse abzuheben. Content-Ersteller, die regelmäßig originelle, gut produzierte und ansprechende Inhalte liefern, haben eine höhere Chance, vom Algorithmus bevorzugt zu werden und eine größere Reichweite zu erzielen. Dies beinhaltet auch das Experimentieren mit verschiedenen Formaten, visuellen Stilen und Erzähltechniken, um eine vielfältige und interessante Content-Palette zu präsentieren.

Die Anpassungsfähigkeit ist ebenfalls entscheidend für den Erfolg auf TikTok. Die digitale Landschaft und die Interessen der Nutzer sind ständig im Wandel, was bedeutet, dass Content-Ersteller flexibel sein und bereit, ihre Strategien schnell anzupassen. Dies kann bedeuten, auf neue Trends zu reagieren, verschiedene Arten von Inhalten auszuprobieren oder die Feedback-Schleifen der Community zu nutzen, um die eigenen Inhalte zu verfeinern und zu verbessern.

Das Engagement mit der Community geht über das bloße Posten von Inhalten hinaus. Erfolgreiche TikTok-Nutzer sind oft aktiv in den Kommentaren, fördern Diskussionen und beteiligen sich an gemeinschaftlichen Aktivitäten. Diese Art von Interaktion nicht nur erhöht die Sichtbarkeit ihrer Inhalte, sondern baut auch eine stärkere Bindung mit den Followern auf. Ein loyales und engagiertes Publikum ist ein Schlüsselindikator für den TikTok-Algorithmus und trägt wesentlich dazu bei, die Reichweite eines Content-Erstellers zu erhöhen.

Die Bedeutung von Community-Engagement auf TikTok kann nicht genug betont werden. Es geht nicht nur darum, Inhalte zu produzieren, sondern auch darum, eine Beziehung mit den Followern aufzubauen. Content-Ersteller, die Zeit investieren, um auf Kommentare zu antworten, personalisierte Nachrichten zu senden und auf die Beiträge anderer zu reagieren, schaffen eine Gemeinschaft um ihre Marke oder Persönlichkeit. Diese tiefgreifende Verbindung fördert nicht nur die Treue der Follower, sondern erhöht auch die Wahrscheinlichkeit, dass diese Follower die Inhalte teilen und weiterempfehlen.

Eine weitere wichtige Strategie zur Maximierung der Reichweite auf TikTok ist das Cross-Promoting von Inhalten auf anderen sozialen Medienplattformen. Durch das Teilen von TikTok-Inhalten auf Plattformen wie Instagram, Facebook oder YouTube können Content-Ersteller ihre Sichtbarkeit über die Grenzen von TikTok hinaus erweitern. Diese Technik kann besonders wirksam sein, um neue Zielgruppen zu erreichen und den eigenen Follower-Kreis zu erweitern.

Die Analyse und Anpassung an die Performance-Metriken der eigenen Inhalte ist ein weiterer entscheidender Faktor. Erfolgreiche TikTok-Nutzer nutzen Analysewerkzeuge, um Einblicke in das Engagement, die Reichweite und die Interaktionsraten ihrer Posts zu erhalten. Diese Daten bieten wertvolle Informationen darüber, welche Arten von Inhalten am besten funktionieren und welche Themen oder Formate möglicherweise überarbeitet werden müssen. Diese kontinuierliche Analyse und Anpassung sind essenziell, um die Inhaltsstrategie zu verfeinern und den Algorithmus optimal zu nutzen.

Zusätzlich zur Anpassung an Metriken und Daten ist das Experimentieren mit verschiedenen Content-Formaten und -stilen wichtig, um die Vielfalt und Frische der Inhalte zu erhalten. TikTok-Nutzer, die verschiedene Arten von Videos ausprobieren, von Bildungs- und Informationsinhalten bis hin zu Unterhaltung und Humor, können ein breiteres Publikum ansprechen und ihre Anziehungskraft auf der Plattform erhöhen.

Insgesamt erfordert die erfolgreiche Nutzung des TikTok-Algorithmus zur Steigerung der globalen Bekanntheit eine sorgfältige Mischung aus kreativer Content-Produktion, gezieltem Community-Engagement, strategischer Planung und kontinuierlicher Anpassung an die sich verändernden Trends und Vorlieben der Nutzer.

6.

NAVIGIEREN DURCH TIKTOK-TRENDS: HASHTAGS, IDEEN UND MUSIKSTÜCKE ENTDECKEN

Die Fähigkeit, aktuelle Trends auf TikTok zu identifizieren und zu nutzen, ist entscheidend für den Erfolg auf der Plattform. Trends können sich auf beliebte Hashtags, virale Ideen, Musikstücke oder spezifische Videoformate beziehen. In diesem Kapitel werden wir uns darauf konzentrieren, wie man die trendigsten Elemente auf TikTok findet und effektiv für die eigene Content-Strategie nutzt.

TikTok bietet eine spezielle Plattform für Content-Ersteller, auf der sie die aktuellen Trends überprüfen können. Diese Plattform, bekannt als TikTok Creator Portal (URL: www.tiktok.com/creators/creator-portal), ist eine wertvolle Ressource, um Einblicke in die neuesten Trends, Tipps für Content-Erstellung und Best Practices zu erhalten.

Auf dem Creator Portal können Nutzer die am häufigsten verwendeten Hashtags, die beliebtesten Musikstücke und innovative Content-Ideen entdecken, die auf der Plattform gerade angesagt sind.

Nutzung des TikTok Creator Portals

- **Trend-Überwachung**: Das Creator Portal bietet eine Übersicht über aktuelle Trending-Hashtags und Themen. Regelmäßiges Überprüfen dieser Trends kann Content-Erstellern helfen, relevante und zeitnahe Inhalte zu produzieren. Es ist wichtig, auf die Art der Trends zu achten – einige können kurzlebig sein, während andere länger anhalten.

- **Musik und Audio-Trends**: Musik spielt auf TikTok eine zentrale Rolle. Das Portal zeigt die aktuell beliebten Musikstücke und Sounds an. Die Integration dieser Musikstücke in eigene Videos kann die Sichtbarkeit erhöhen und den Inhalten helfen, Teil größerer Trendwellen zu werden.

- **Inspirationsquelle**: Neben Trends bietet das Creator Portal auch Ideen und Inspiration für Content. Dies kann besonders hilfreich sein, wenn man nach neuen Ansätzen sucht, um die eigene Kreativität zu stimulieren und sich von anderen Inhalten abzuheben.

- **Lernen von erfolgreichen Content-Erstellern**: Das Portal hebt auch erfolgreiche Beispiele von Content-Erstellern hervor. Das Studieren dieser Beispiele kann Einblicke in effektive Strategien und Techniken geben, die man in die eigene Content-Produktion integrieren kann.

Strategien zur Umsetzung von Trends

Schnelle Anpassung: Einer der Schlüssel zum Erfolg bei der Nutzung von Trends ist die Geschwindigkeit. Sobald ein Trend identifiziert ist, ist es wichtig, schnell zu handeln und Inhalte zu erstellen, die diesen Trend aufgreifen.

Kreativität in der Umsetzung: Während es wichtig ist, Trends zu folgen, sollte man auch versuchen, ihnen eine persönliche und kreative Note zu verleihen. Dies hilft, sich von anderen abzuheben und eine eigene Markenidentität zu schaffen.

Integration in die eigene Nische: Trends sollten sinnvoll in die eigene Nische oder den eigenen Content-Stil integriert werden. Dies gewährleistet, dass die Inhalte für das eigene Publikum relevant bleiben und die Markenidentität stärken.

Interaktion mit der Community: Einbindung der Follower in Trendinhalte, zum Beispiel durch Aufforderungen zur Interaktion oder die Schaffung eigener Challenges, kann das Engagement und die Reichweite erhöhen.

Die effektive Nutzung des TikTok Creator Portals in Kombination mit einer kreativen und strategischen Herangehensweise an Trends kann Content-Erstellern helfen, ihre Präsenz auf der Plattform zu stärken und eine größere Zielgruppe zu erreichen. Durch das kontinuierliche Überwachen und Integrieren von Trends in ihre Inhalte können sie die Dynamik und die sich ständig ändernde Landschaft von TikTok zu ihrem Vorteil nutzen.

Die effektive Nutzung des TikTok Creator Portals in Kombination mit einer kreativen und strategischen Herangehensweise an Trends kann Content-Erstellern helfen, ihre Präsenz auf der Plattform zu stärken und eine größere Zielgruppe zu erreichen. Durch das kontinuierliche Überwachen und Integrieren von Trends in ihre Inhalte können sie die Dynamik und die sich ständig ändernde Landschaft von TikTok zu ihrem Vorteil nutzen.

Eine erweiterte Strategie zur Nutzung von Trends auf TikTok beinhaltet die Integration dieser Trends in eine langfristige Content-Strategie. Anstatt nur auf momentane Trends zu reagieren, können Content-Ersteller versuchen, vorauszuschauen und zu antizipieren, wie sich bestimmte Themen und Interessen entwickeln könnten. Dies erfordert eine tiefere Analyse der Trends, um zu verstehen, was sie antreibt und wie sie sich im Laufe der Zeit entwickeln könnten.

Vertiefte Analyse von Trendmustern

- **Verstehen der Hintergründe**: Es ist wichtig, nicht nur die Oberfläche eines Trends zu betrachten, sondern auch seine Ursprünge und die Gründe für seine Popularität zu verstehen. Dies kann Einblicke in die Interessen und Werte der TikTok-Gemeinschaft geben und helfen, Inhalte zu erstellen, die tiefer mit dem Publikum resonieren.

- **Langfristige Trends identifizieren**: Während einige Trends kurzlebig sind, haben andere das Potenzial, sich zu langfristigen Bewegungen zu entwickeln. Content-Ersteller sollten versuchen, diese langfristigen Trends zu identifizieren und sich darauf zu konzentrieren, da sie eine nachhaltigere Wirkung haben können.

Anpassung an kulturelle Veränderungen: Trends auf TikTok spiegeln oft breitere kulturelle und gesellschaftliche Veränderungen wider. Ein Verständnis dieser größeren Kontexte kann Content-Erstellern helfen, Inhalte zu erstellen, die über momentane Trends hinausgehen und eine breitere Resonanz finden.

Kreative Umsetzung von Trends

Eigene Drehung hinzufügen: Um aus der Masse hervorzustechen, sollten Content-Ersteller versuchen, Trends auf eine Weise umzusetzen, die ihre eigene kreative Vision und Persönlichkeit zeigt. Dies kann durch die Kombination von Trends mit einzigartigen Inhalten, persönlichen Geschichten oder einem spezifischen Stil erfolgen.

Interaktive Elemente integrieren: Die Einbindung interaktiver Elemente, wie Umfragen, Q&As oder Challenges, kann die Beteiligung des Publikums an Trendinhalten erhöhen. Solche interaktiven Ansätze fördern die Community-Beteiligung und können die Viralität von Inhalten steigern.

Cross-Promotion auf anderen Plattformen: Die Nutzung von Trends sollte nicht auf TikTok beschränkt bleiben. Content-Ersteller können ihre TikTok-Inhalte auf anderen sozialen Medien teilen, um eine noch größere Reichweite zu erzielen und ihre Inhalte einem breiteren Publikum zugänglich zu machen.

Indem sie diese tiefgreifenden und kreativen Ansätze zur Nutzung von Trends auf TikTok anwenden, können Content-Ersteller nicht nur ihre aktuelle Reichweite maximieren, sondern auch eine dauerhafte Präsenz aufbauen, die über flüchtige Trendwellen hinausgeht. Diese Fähigkeit, Trends zu verstehen, vorherzusagen und kreativ umzusetzen, ist ein Schlüssel zum langfristigen Erfolg auf der dynamischen und sich ständig verändernden Plattform von TikTok.

Die Fähigkeit, Trends auf TikTok zu verstehen, vorherzusagen und kreativ umzusetzen, ist ein Schlüssel zum langfristigen Erfolg auf dieser dynamischen und sich ständig verändernden Plattform. Um diese Fähigkeit weiter zu entwickeln und zu verfeinern, können Content-Ersteller zusätzliche Schritte und Strategien anwenden, um ihre Wirksamkeit im Umgang mit Trends zu maximieren.
Vertiefung in die TikTok-Community

Aktive Community-Teilnahme: Eine tiefere Integration in die TikTok-Community kann wertvolle Einblicke in aufkommende Trends und Vorlieben geben. Dazu gehört nicht nur das Erstellen von Inhalten, sondern auch das aktive Engagement in Diskussionen, das Kommentieren und Teilen von Posts anderer und das Mitwirken an kollaborativen Projekten.

Aufbau von Partnerschaften: Die Zusammenarbeit mit anderen TikTok-Erstellern kann neue Perspektiven auf Trends eröffnen und zu kreativen Inhalten führen, die eine breitere Zielgruppe ansprechen. Gemeinsame Projekte und Duette können neue Wege bieten, Trends zu interpretieren und umzusetzen.

Datengesteuerte Trendanalyse

Nutzung von Analytics-Tools: Fortgeschrittene Analyse-Tools können helfen, Trendmuster besser zu verstehen und vorherzusagen. Durch das Studium von Engagement-Raten, demografischen Daten und Nutzerverhalten können Content-Ersteller Trends genauer identifizieren und ihre Inhalte entsprechend anpassen.

Feedback-Schleifen: Das Sammeln und Auswerten von Feedback der Nutzer ist unerlässlich, um die Reaktionen auf trendbasierte Inhalte zu verstehen. Diese Informationen können genutzt werden, um zukünftige Inhalte besser auf die Wünsche und Bedürfnisse des Publikums abzustimmen.

Kreative Innovationen und Experimente

Innovative Content-Formate: Um sich von anderen abzuheben, können Content-Ersteller mit innovativen Formaten und Präsentationstechniken experimentieren. Dies kann die Verwendung von Split-Screen, Augmented Reality, oder das Erstellen von Mini-Serien oder thematischen Videoreihen umfassen.

Einbindung von Storytelling: Erzählerische Elemente können dazu beitragen, Trendinhalte ansprechender und einprägsamer zu gestalten. Durch das Einweben von Geschichten in Trendvideos können Ersteller eine stärkere emotionale Verbindung mit ihrem Publikum aufbauen.

Langfristige Trendstrategien

- **Vorausschauende Trendplanung**: Anstatt nur auf aktuelle Trends zu reagieren, sollten Content-Ersteller auch versuchen, zukünftige Trends zu antizipieren. Dies kann durch das Beobachten von Entwicklungen in verwandten Bereichen, wie der Mode-, Musik- oder Filmindustrie, geschehen.

- **Aufbau einer markenspezifischen Trendidentität**: Content-Ersteller können eine einzigartige Herangehensweise an Trends entwickeln, die mit ihrer eigenen Marke oder Persönlichkeit übereinstimmt. Dies hilft, eine konsistente und erkennbare Präsenz auf der Plattform zu etablieren.

Indem sie diese erweiterten Strategien und Techniken anwenden, können Content-Ersteller auf TikTok nicht nur auf Trends reagieren, sondern auch aktiv an ihrer Gestaltung teilnehmen. Diese proaktive und kreative Herangehensweise ist entscheidend, um sich in der dynamischen Welt von TikTok hervorzuheben und langfristigen Erfolg zu sichern.

Die proaktive und kreative Herangehensweise an Trends auf TikTok ist entscheidend, um sich in der dynamischen Welt der Plattform hervorzuheben und langfristigen Erfolg zu sichern. Um diese Strategie weiter zu vertiefen, können Content-Ersteller zusätzliche Methoden und Ansätze in Betracht ziehen, die ihre Fähigkeit, Trends effektiv zu nutzen und zu gestalten, weiter stärken.

Einbindung von Nutzerinteraktion in Trend-Content

- **Crowdsourcing von Ideen**: Content-Ersteller können ihre Follower direkt in den kreativen Prozess einbeziehen, indem sie sie um Ideen für Trends oder Inhalte bitten. Diese Art des Crowdsourcings kann nicht nur zu innovativen und frischen Inhalten führen, sondern stärkt auch die Bindung zwischen dem Ersteller und seinem Publikum.

Interaktive Herausforderungen erstellen: Durch die Gestaltung eigener interaktiver Herausforderungen oder Wettbewerbe, die auf aktuellen Trends basieren, können Ersteller ihre Community aktivieren und ein größeres Engagement fördern. Diese Herausforderungen können virales Potenzial haben und weit über die eigene Follower-Basis hinausreichen.

Fortgeschrittene Techniken und Tools

Einsatz von KI-gestützten Tools: Die Nutzung von künstlicher Intelligenz und maschinellem Lernen kann helfen, Muster in Trendentwicklungen zu erkennen und zukünftige Trends vorherzusagen. KI-basierte Analysetools können tiefergehende Einblicke in Nutzerverhalten und Präferenzen bieten.

Videoanalyse für Trendforschung: Die Analyse von erfolgreichen Trendvideos kann aufschlussreich sein, um Elemente zu identifizieren, die zu ihrem Erfolg beigetragen haben. Dazu gehören Schnitttechniken, die Verwendung von Musik, visuelle Effekte und die Art der Präsentation.

Langfristiges Trend-Engagement und Markenbildung

Aufbau einer Trendautorität: Content-Ersteller können daran arbeiten, als Autorität oder Vordenker für bestimmte Trends oder Themenbereiche anerkannt zu werden. Dies erfordert tiefgehendes Wissen und kontinuierliche Auseinandersetzung mit spezifischen Trends und Themen.

- **Entwicklung einer eigenen Trend-Ästhetik**: Die Entwicklung eines einzigartigen, wiedererkennbaren Stils oder einer Ästhetik, die mit bestimmten Trends verknüpft wird, kann Content-Erstellern helfen, sich abzuheben. Diese einzigartige Ästhetik wird zu einem Teil der Markenidentität und erhöht die Wiedererkennung.

Strategische Partnerschaften und Kollaborationen

- **Kollaborationen mit anderen Trendsettern**: Die Zusammenarbeit mit anderen Influencern oder Marken, die in bestimmten Trendbereichen führend sind, kann zu einer gegenseitigen Verstärkung der Reichweite führen. Solche Partnerschaften können neue Perspektiven eröffnen und die eigene Position in der TikTok-Community stärken.

- **Cross-Platform-Promotion für Trends**: Die Verbreitung von Trendinhalten über verschiedene Plattformen hinweg kann die Gesamtreichweite erhöhen und neue Zielgruppen erschließen. Content-Ersteller sollten erwägen, ihre TikTok-Trends auf Plattformen wie Instagram, YouTube oder Twitter zu teilen, um ein breiteres Publikum zu erreichen.

Durch die Anwendung dieser erweiterten Methoden und Techniken können Content-Ersteller auf TikTok nicht nur effektiv auf Trends reagieren, sondern auch eine führende Rolle in der Gestaltung und Entwicklung von Trends übernehmen. Diese tiefgreifende und strategische Herangehensweise ist essenziell, um eine dauerhafte Präsenz auf der Plattform zu etablieren und eine starke Marke in der Welt von TikTok aufzubauen.

Über den Autor

Ajdin Ruznic, ein passionierter Entwickler und innovativer Denker, hat sich in der Welt der digitalen Technologie und sozialen Medien einen Namen gemacht. Mit einem Hintergrund in der Softwareentwicklung und einer tiefen Leidenschaft für die Schnittstelle zwischen Technologie und Kreativität, bietet Ajdin einzigartige Einblicke in die sich ständig verändernde Landschaft digitaler Plattformen.

Seine Expertise in der Analyse und Anwendung von Social Media-Algorithmen, gepaart mit einer klaren Vision für zukünftige Trends, macht ihn zu einem gefragten Berater und Vordenker in diesem Bereich. Ajdin verbindet technisches Know-how mit einem intuitiven Verständnis für die Dynamik sozialer Netzwerke, was ihn zu einem wertvollen Ratgeber für alle macht, die ihre Präsenz in der digitalen Welt verstärken möchten.

In seinem Buch bringt er sein umfangreiches Wissen und seine Erfahrungen zusammen, um Lesern praktische Ratschläge und Strategien anzubieten, wie sie die Kraft von Plattformen wie TikTok nutzen können, um globale Reichweite und Einfluss zu erlangen. Ajdin lebt und arbeitet in Schweiz, wo er kontinuierlich an der Entwicklung neuer Ideen und Projekte arbeitet.

www.ingramcontent.com/pod-product-compliance
Lightning Source LLC
Chambersburg PA
CBHW062300290526
45794CB00006B/2629